AF126425

FSC
www.fsc.org

MIXTE

Papier issu
de sources
responsables
Paper from
responsible sources

FSC® C105338

Cartes postales d'âme à âmes

Du même auteur

Epuisettes et cartes postales
éditions BoD 2021

© 2022 Guille Oom

guille.oom.auteur@gmail.com
https://www.instagram.com/guille_oom/
https://www.facebook.com/GuilleOom.Auteur/

Édition : BoD – Books on Demand, info@bod.fr
Impression : BoD – Books on Demand,
In de Tarpen 42, Norderstedt (Allemagne)
Impression à la demande

Illustrations : Guille Oom

ISBN : 978-2-3224-5960-5
Dépôt légal : octobre 2022

A mes âmes amies

Avant-propos

Voilà, l'Homme ambitionne de coloniser la Lune, Mars, pour en exploiter leurs ressources. Nous n'allons y projetter que nos déviances. S'il y a de la vie ailleurs, aussi infime soit-elle, nous irons l'exploiter, jusqu'à son extinction s'il le faut. Comme nous le faisons ici, sur Terre. Au nom de quoi, de qui ?

Qu'espérons-nous à ainsi regarder les étoiles ? Est-ce une façon de mettre sous le tapis les déséquilibres que nous avons provoqués sur la Terre et de ne pas les regarder ?

Ce monde au cœur rabougri dans des coffres-forts de peurs, je n'en veux plus. Ce monde endormi dans ses schémas ancestraux de domination, je ne veux plus en être. Je ne suis plus citoyen de ces états inhumains barricadés derrière leur suffisance technocratique, leur mépris et leur peur de la puissance de la Vie.

Mais je ne lutterai pas pour son effondrement. Je ne bataillerai pas pour le déconstruire. Certes, je continuerai à m'indigner, mais je ferai de mon mieux pour mettre mon cœur et mon énergie à contribuer à l'existence, l'essor, l'expansion du monde nouveau. Celui où l'humain incarne sa grandeur, où une polarité ne domine pas l'autre mais œuvre avec elle, où les lois de la vie sont connues et honorées. Celui où la croissance ne concernera que l'amour et ses manifestations. Celui où chacun œuvre la conscience éveillée.

Cela peut paraître naïf, utopique, niais même. Tant pis ! Ce virage de l'humanité, je veux le prendre. Et même plus, je veux y participer activement, en œuvrant avec toutes les étincelles de lumière en ce monde et avec lesquelles les liens de cœur se tissent, allumant des feux de joie à chaque recoin de la Terre, partout où le regard se porte. Contribuer à ce tissage d'une reconnexion des familles d'âmes et faire de mon mieux pour être un peu de cette lumière.

Déjà, des choses bougent. Déjà ce tissage prend forme, partout. Il ne saurait en être autrement car ce futur c'est celui vers lequel, profondément, nos cœurs aspirent malgré les divisions, les humiliations, les trahisons, les blessures subies au cours des âges.

Je ferai de mon mieux, chaque jour. Et ferai que chaque jour ce mieux soit meilleur.

Parmi les graines de lumière semées, le premier recueil de mes poésies *épuisette et cartes postales*. Je suis empli de gratitude pour toutes les âmes qui ont lu ces textes, pour toutes celles qui m'ont fait part de leurs ressentis, pour tous ces liens que ce livre a tissés, pour les rencontres inattendues et magnifiques qu'il a permises. Je ne m'attendais pas à tout cela et j'en suis ému, encore.

Un an après, voici le second recueil de textes dont j'ai la prétention de croire qu'il poursuit ce tissage lumineux. Un minuscule acte de résistance dans ce monde en plein virage. Ces cartes postales, ces lettres, je me les écris à moi autant qu'à vous, avec cette certitude que le partage d'émotions, de vécus, d'observations, peut résonner avec vos singularités. Toutes ces résonnances combinées, je crois, formeront une belle symphonie qui s'ajoutera à celle de l'éveil du monde. Oui, je sais, ça fait New Age et franchement, peu importe. Puissent ces textes vous faire autant de bien qu'ils m'en ont fait.

L'avantage de l'auto-édition, c'est que je suis maître de ce que je mets dans ce recueil, de son organisation, de la cohérence ou non qu'il recelle. Libre à vous, lecteurs et lectrices, de le lire comme bon vous semble. Jouissez de cet espace de liberté, lisez d'une traite ou en picorant, dans l'ordre ou au gré des pages qui s'ouvrent, avec ou sans musique, à voix haute ou dans votre tête. Jouissez de cet espace de liberté, aussi modeste soit-il.

Je vais redire ce que j'ai dit en conclusion de l'avant propos d'*épuisette et cartes postales* : Les mots ont des sens, des vibrations, ils permettent la pensée autant qu'ils peuvent la piéger. Ils sont un complément à la musique ou au dessin. Je vous laisse trouver quel texte va avec quelle musique ou quelle peinture, et cela constituera votre trésor personnel, si le cœur vous en dit.

Je vous laisse découvrir ces cartes postales et ces lettres et vous souhaite une savoureuse lecture.

Au cœur du monde

Femme-lotus

Mère et amante
Fille et grand-mère
Lignée de femmes
De la Terre aux étoiles
Gardienne du foyer sacré
Honorée et blessée
Porteuse d'Amour
Accoucheuse de Vie

Ma gratitude est immense

Femme des maisons célestes
De l'univers terrestre
Des temples anciens
Des bois majestueux
Pour la braise sous la cendre
Pour l'amour sous les larmes
Pour tes bras ouverts qui saignent
Pour ta force qui accompagne.

Je vénère ta puissance.

A chaque mère de chaque lignée
A chaque déesse honorée
A chaque prêtresse dévouée
A chaque guerrière déchaînée
A chaque amante dans les draps froissés
A chaque jeune fille au cœur enjoué
A chaque ancienne à la mémoire sacrée
A chaque femme-lotus déployée

Je rends grâce.

Tout est poésie !

Dans une rue, un pavé
Un aphorisme gravé
« Tout est poésie »
Oui ! et encore oui !

Dans le bruit et le silence
Dans la présence et l'absence
Dans la morphe et l'amorphe
Dans la rime qui manque

La poésie ! Vêtement du monde
Une source pour l'âme féconde
Une icône qui fait sens
Quelque soit l'obédience

Dans les jours et les nuits
Qui traversent nos vies
Dans les instants incertains
Des réveils brumeux au matin

Tout est poésie, oui !
Ce pavé nous le dit
Dans tous les sens !
Par tous les sens !

Les mots s'emmêlent parfois
Prose ou rime
En pieds ou bancal
Norme ou paranormal
Peu importe !
Elle ouvre grand les portes
A toutes les formes
A tous les cœurs.

Des mélancolies aux joies
Médiatrice d'émois
Elle nous surprend en chemin
D'un tableau qui nous étreint.

Sur cette rue pavée
Un aphorisme gravé
Une invitation
A l'émotion.

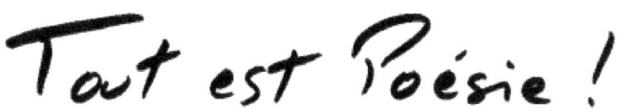

Ce pavé existe vraiment dans une rue de Périgueux.

Réalité augmentée

Ce soir je revêts ma plume pour voir le beau
Grâce à la réalité augmentée des mots
Sans illusion

Voir sur les décombres de l'humanité
Fleurir des fleurs de fraternité
Emplies de passions

Voir dans les débris du monde encore fumants
La détermination sans faille du vivant
A être

Voir au lieu de forêts trop tôt flétries
De nouvelles et puissantes magies
Naître

Voir l'humain, animal présomptueux,
Dépouillé de tous ses vœux
D'éternité

Voir dans le crépuscule qui s'en vient
L'aube d'un futur, d'un demain
Désiré

Voir la sobriété des peuples-racines
Et la rêver intelligente concubine
De la modernité

Voir les fondations branlantes qui s'écroulent,
Sous la vigueur des forces qui coulent,
Déterminées

Voir les anciens pactes d'avant les batailles
Conciliés avec les semailles
Du renouveau

Voir mon cœur rafistolé de ses cicatrices,
Etre ce nouveau calice
Du beau

Voir encore et encore ce beau,
Le partager avec mes mots
Modestes

Ce soir, les mots sont des baumes
Un reste d'espoir en les hommes,
Un manifeste.

Mémé

Elle a changé…
> Ses moutons, à ma bergère, s'écartaient en Limousin,
> Le long des berges de l'Issoire où j'appris à pêcher,
> Elle les gardait, fredonnant sûrement quelque refrain
> Pour laisser filer la journée plus gaiement,
> Rêvant à l'ombre d'un vieux chêne bienveillant.

Elle a changé…
> Les jours chauds d'été où les petits enfants s'égaillent,
> Sur ses genoux, elle dévore des yeux le petit dernier,
> Elle écoute le chant des rires et des jeux à l'abri du soleil
> De ceux-là qui courent entre les tables du jardin
> Pour échapper aux chatouilles des monstres taquins.

Elle a changé
De moutons, de vie
Son troupeau s'agrandit
Sous son œil attendri.

Elle a changé…
> Au jardin, sabots aux pieds et tablier noué,
> Elle remplit dans les rangs son panier d'osier,
> Celui-là même que son homme avait tressé,
> De quoi garnir le fétou frémissant sur le poêle allumé.
> Dans la cuisine, son troupeau hume les odeurs, alléché.

Elle a changé…
Les soirs sombres d'hiver, assise à la fenêtre,
Aux chuintements et crépitements de la cheminée,
Elle tricote pour la petite dernière qui vient de naître
En voulant aux petits-enfants de ne point tant l'appeler,
Souriant aux dernières cartes postales qu'on a postées.

Elle a changé…
Souvenirs de greniers et d'armoires,
Sabots et paniers ont été distribués.
Elle a changé de vie avant de choir
Et le troupeau toujours s'agrandit
Pensant à elle, à l'autre bout de la vie.

Pour ma grand-mère

Feux

L'arbuste est discipliné pour ne pas déranger
L'herbe artificielle pour ne pas devoir la couper
Un jardin de plastique pour ne pas s'en occuper
Chauffe tant au soleil qu'on n'y met pas les pieds

Jardin sans vie pour banlieue bourgeoise si peu bohème

A quelques kilomètres, brûlent des hectares de forêt
Dans l'odeur âcre de résine des pins calcinés
Une zone vivante et ombragée part en fumée
Loin des yeux de ceux qui vivent sans regret

Une cicatrice de plus sur la peau meurtrie de la Terre

Les amertumes manquent cruellement de beauté
Certaines tristesses sans poésie pour les sublimer
Qu'importent les sentiments à la faune affolée
Reste-t-il un endroit pour qu'elle puisse s'y réfugier ?

De la nature expulsée au vivant scarifié.

Des stades tous les jours sont abondamment arrosés
Des carrés d'herbes maintenus bien rasés de près
Plus de butineurs car tellement peu à butiner
Les oiseaux moins variés, ils n'ont plus à manger.

A quand remonte le dernier papillon sur mon balcon ?

Il y a tant d'aberrations à dénoncer !
Est-ce encore à la base de se sacrifier
Face à l'arrogante indifférence du sommet
Ces hors-sol qu'il ne faut point déranger ?

Vois-tu ce chemin aseptisé ? Je ne veux point l'emprunter.

Texte écrit suite aux incendies qui ont ravagés des miliers d'hectares de forêt en Gironde, été 2022.

Oubli

La femme aux cheveux blancs
Courbe sa peine sur sa canne
A petits pas jusqu'au banc.
Ses souvenirs, hermétiques arcanes,

S'emmêlent au gré du temps,
S'étiolent sans crier gare,
Tombent avec ses fils d'argent,
Laissant le désarroi dans son regard.

Dépouillée, elle n'est que maintenant.
Désorientée, sans plus de passion,
Avide d'une main la tenant,
Elle va sans direction.

Que dans les traces qu'elle laisse,
Dans les cœurs de ceux qu'elle aime,
Restent ses joies et ses liesses.
Que ses mémoires soient des poèmes.

Des corps et des mots

Le corps et le mot. Restrictifs et limitants, ils enferment tout deux le sens tout autant qu'ils renferment une essence, un monde que chaque être s'approprie.

Le corps est un mot et chacun de ses gestes en est une lettre. Dans la succession de ses mouvements, la marque d'une écriture singulière naît et danse dans le monde.

Dans ce langage unique, le corps raconte son histoire, calligraphie sa vie, dépeint son étymologie intime. Il décrit les solitudes et les liens, les peurs et les amours.

Et tous ces mots, ponctués de rencontres et d'échanges, créent une harmonie unique au gré des mélodies qui se mêlent, racontent des histoires au temps qui passe.

Ces histoires déposées sur la Terre-papier, murmurées ou criées aux vents, mouillées de pluie, séchées au soleil, délavées de peines, resplendissantes de joies, écrivent le grand livre de la Vie.

Minéral, végétal, animal, quel que soit son règne, chacun de ces mots vibre à sa juste place, dans une symphonie miraculeuse qui répare les maux, dans les silences qui apaisent et relient.

Papillons et sorcières

Laissez-moi vous raconter une histoire, car dans le cycle des temps, elle a son importance.

En d'anciens temps, les chefs de meutes de tous les animaux se réunirent. Ils mirent de côté un instant la défense de leurs territoires pour débattre d'un problème commun : les papillons. Durant leurs vols diurnes, leurs ailes laissaient s'échapper une poudre magique qui retombait au sol la nuit, permettant à la terre de se couvrir d'herbe souple, aux fleurs d'être chaque jour plus belles et odorantes, aux arbres de puiser profondément l'énergie nécessaire à l'expansion de leurs ramures majestueuses, aux animaux de s'émanciper et de contester l'autorité des chefs. Ceux-ci devaient constamment combattre de jeunes contestataires pour maintenir leur position dominante. Cette poudre attirait les chefs autant qu'elle les effrayait. Et c'est pour cela qu'ils passèrent un marché avec les sorcières.

Les sorcières inventèrent alors l'instrument qui allait assoir la domination des chefs de meute : leur balai volant. En sillonnant le ciel la nuit, elles en balayaient la poudre des ailes de papillons, empêchant qu'elle tombe au sol et profite à tous. Elles la récoltaient et la transformaient en élixir en échange de toujours plus de richesses.

Ainsi, les chefs pouvaient accroître leur domination en buvant cet élixir et en empêchant les membres de leur meute d'en profiter. Les clans durent alors se consacrer à leur survie autant qu'à l'accumulation de richesses pour honorer le marché de leurs chefs passé avec les sorcières. La fréquence des guerres de territoires augmenta considérablement. Et il en fut ainsi durant des siècles d'évolution. Et lorsque certains des animaux devinrent Hommes, ils perpétuèrent cette recherche constante de domination et de richesse. Le sol non poudré, fut toujours plus exploité et perdit sa vie intime. Les fleurs perdirent leur joie éclatante et nombre d'entre-elles disparurent. Les arbres souffrirent également en perdant leur splendeur et seuls quelques-uns remarquables résistèrent. Quant aux papillons, ils trouvèrent de moins en moins de fleurs à butiner. Leur population déclina.

Il fallut qu'un homme s'émancipe et sorte de sa meute, las des éternels combats. Il fallut qu'une sorcière se rebelle et déverse les chaudrons d'élixir au pied des montagnes. Il fallut qu'ils se rencontrent dans leurs exils pour comprendre qu'ils n'étaient pas les rôles dans lesquels leurs clans respectifs les maintenaient. Il fallut qu'ils s'apprivoisent pour contacter leur unicité et leur puissance. Il fallut qu'ils s'unissent pour comprendre l'importance de leur complémentarité. Il fallut qu'ils s'aiment pour infléchir le cours de l'histoire, comme un feu de bois qui, en grandissant, éclairait et réchauffait de plus en plus des leurs. Cet autre possible s'ancra, fit sa place et se répandit parmi les hommes et parmi les sorcières. Les peurs disparurent. Un monde alternatif naquit. De moins en moins de sorcières balayaient le ciel. Les chefs résistèrent mais ils ne furent plus suivis dans leurs batailles : de moins en moins d'hommes les suivaient. Ainsi, sans combattre, sans défi, ils perdirent leur pouvoir. Les sorcières, petit à petit, mirent le leur à restaurer la luxuriance de la vie et à initier les hommes aux mondes derrières les voiles.

Il a fallu qu'une alternative naisse pour que s'épanouisse ce monde nouveau et que reviennent les papillons.

Etoiles

Le nez en l'air dans la nuit
Une goutte au coin de l'œil
Un froid céleste déferle et glace
Jusqu'aux mains dans les poches.

Poussière d'étoiles
Larme tombée sur Terre
Mouillée de nostalgie
D'un ailleurs, d'un avant

L'étoile est sans ciel
Seule au milieu de la foule
Seule dans l'infini de l'univers
L'âme en hiver.

Enfouie sous la chair
L'étoile n'est qu'une braise
Dans l'attente d'un souffle
D'un chant familier.

La grande baleine bleue
Lovée dans la voie lactée
Miroitante de cent mille soleils
Lance son cri perçant.

Chaque goutte des eaux du monde
Résonne à cet appel ancestral
Un lien invisible les relie
En une constellation d'âmes amies

La braise se fait flamme puis feu
Dans le foyer d'un cœur-phare
L'univers est là tout entier
Rassemblé et rayonnant en chacun.

(V)acuité

La science a tout fractionné
Le temps, l'espace, la magie.
Il reste pourtant toujours des « entre »

Des vides qui désagrègent la matière
Et donnent à voir.
Des temps qui déconfinent les sons
Et donnent à entendre.

L'« entre » sous-tend le monde
Depuis les particules qui s'aimantent
Jusqu'aux galaxies en migration.

Des lettres, aux mots, aux phrases aux idées
Le vide fait naître la pensée.
Des sons, aux rythmes, aux mélodies, aux harmonies
Le silence fait exister la musique.

L'acuité réside dans la vision sensible
De ces entre-choses, de ces entre-temps.
L'acuité sonde la vacuité.

Cahier de textes

Un carton perdu au fond du grenier,
Tant de souvenirs à déballer,
Entre classeurs décorés et livres de classes,
Un cahier de textes à la couverture lasse

Porte le témoignage de mes jeunes années.
Avec excitation et amusement mêlés
Je feuillette, et entre les devoirs à faire,
S'étalent mes premières amours amères,

Premiers poèmes naïfs,
Autocollants et dessins hâtifs,
Déclarations d'amitiés éternelles
Qui se sont depuis fait la belle.

Ce cahier, support maladroit de mes écrits
Venus de mon cœur apprenti,
A depuis longtemps été remplacé
Par des agendas bien ordonnés,

Les devoirs par des rendez vous notés,
Mes poèmes par des « ne pas oublier »,
Mes révoltes par du dépit,
Mes rêves par la vie.

Et si aujourd'hui
Il me reprenait l'envie
La joie enfantine d'écrire et créer ?
Et sur ma « to do list », écrire en grand : REVER !

Baleines et dauphins

Il y a dans le jardin-océan
Des éternels enfants rieurs
De sages galopins
Qu'on appelle dauphins

Ces colibris des mers
Elégants d'harmonie
Nous sondent l'âme
Et nous guident en joie.

Ils nous relient à cette source pure
Cet amour en nous sans attaches
Libre dans les vagues
Fulgurant et joueur.

Leurs cris vifs et crépitants
Répondent aux plaintes graves
Des baleines majestueuses
Flottant, comme aériennes.

La grande baleine déesse
Entourée de dauphins chérubins
Imperturbable messagère
Poursuit ses voyages dans les mondes.

Tu es de l'eau, des fluides, des émotions
Ne leur fait pas barrage
Surfe et une fois sur le rivage
Retourne à l'eau et joue encore.

Tu es des bouts d'étoiles, de matière
Tout imprégné de leur lumière
Pour contenir cette eau
Et la rendre vibrante.

Tu es tout entier du vide
Dans lequel s'écoule la Vie
La même qu'en nous tous
La même qu'en tout point.

Nous faisons le lien entre les mondes
Nos chants sont nos codes
Des ondes qui perforent vos barrages
Pour laisser couler les flots

Messagers des familles anciennes
Membres des alliances stellaires
Nous œuvrons dans les espaces
Pour abolir le temps.

Il y a dans le jardin-océan
De puissants habitants
Qui veillent sur nous
Si loin, si proches.

Solune

Il y a des âges que nous tournons
Détournés ainsi l'un de l'autre
Beaucoup de feu a jailli
Beaucoup d'eau a coulé

Nous avons dansé l'amour et la peur mêlés
Enfermés dans nos forteresses
Nombre d'abus ont été commis
Nombre de blessures infligées

Et maintenant ?
Il est temps

De visiter nos dragons intimes
De dompter nos mondes rugissants
De montrer nos cicatrices
De pardonner nos souffrances

De danser sans artifices
De chanter une mélodie nouvelle
Pour que chaque danse et chaque chant
Fleurisse en tout cœur

Car maintenant
Il est temps

Qu'en chaque humain s'unissent
Le père-veilleur et la mère-veilleuse
Que ce couple solunaire
Enfante d'une nouvelle harmonie

Ouvrons grand nos territoires
Abattons les barrières
Laissons-nous traverser
Par la puissance de l'union sacrée

Car maintenant
Il est temps

Qu'une trinité neuve inonde le monde
D'un déluge d'amour rédempteur
Que lavés de ce déluge profond
L'eau de source coule en nous sans retenues

Souverains en nos royaumes
Ouverts aux vents des mondes
Devenons une source
Pour toute âme errante

Oui, maintenant
Il est temps !

Inspiré d'un magnifique dessin réalisé par Chenoa Aki que je
remercie de sa confiance.
https://www.instagram.com/p/CYi409zqC32/?utm_source=ig_web_copy_link

Paysages

Coucher de soleil

Il faut qu'un soleil se couche pour qu'un nouveau jour se lève.

Il faut passer par la nuit pour le voir rallumer le ciel.

Parfois, ivre de chagrin, le regard boit jusqu'à la lie ce crépuscule. Et dans cette ivresse hypnotique, il ne voit pas la nouvelle aube qui l'enveloppe sans bruit, derrière lui.

Durant les nuits d'ivoire aveuglantes, le temps frappe son rythme comme des coups de poignards.

Alors elle s'assoupit, se fait oublier. Elle attend ce jour nouveau qui sans tapage aura rafistolé le cœur morcelé, confiante de son arrivée.

L'éternité attend simplement que l'ivresse soit cuvée. Que le regard, encore hébété, capte cette nouvelle lumière.

Alors, qu'importent les jours et les nuits d'avant, qu'importe le passé, la force de l'amour est de chaque fois réveiller l'éternité.

Une nouvelle ivresse s'instille alors, dans ce nouveau jour sans fin.

Ciel

Où commence le ciel ?
Au-dessus des hauts sommets
Ou de nos cerveaux agités ?
Colosses aux yeux des petits
Atomes pour les galaxies
Quelle question existentielle !

Nous sommes déjà dans le ciel
Flottants au-dessus des poissons
Géants aux yeux des hérissons
Sous le ballet des nuages au vent
Mais alors, sont-ils des êtres vivants ?
Tout dépend du référentiel.

Nous évoluons dans le ciel
Nos pieds seuls posés au sol
Une étoile pour boussole.
Nous respirons à pleines goulées
Des bouts d'astres effilés.
Nous inhalons un si grand potentiel !

Morts, nous irons au ciel
Allumer de nouvelles étoiles
Ou traverser d'obscurs voiles.
Nous marchons aveuglément
Si près du firmament.
Il n'y a pas qu'un seul ciel.

Où commence le ciel ?
Il y a bien des mystères
A lever le nez en l'air.
Tends juste la main devant toi
Et sens l'espace entre tes doigts,
Personne est sans ciel !

Parole de roche

Il y a sur cette roche dure
Un visage de mousse tendre
Deux plumes d'oiseaux
Portées là par quelque magie
Encore humides de rosée
Dessinent ses yeux.

Il me regarde marcher vers lui
Trainant mes eaux boueuses
Malhabile animal en quête de sens
Minuscule dans ces montagnes
Erigées en sanctuaire fécond
Aux initiations et visions.

Combien de temps m'a-t-il fallu
Pour voir cette baleine danser
Dans l'océan vibrant d'étoiles ?
Combien de temps pour entendre
Le chant de mon âme-cœur
Limpide comme ce lac de montagne ?

Pose ton fardeau
Il n'est pas à toi.
Rends-le à tes lignées
Libère et déchaîne toi
De ce poids accablant.
Tu sentiras tes ailes
Jusque-là écrasées
Se défroisser et se déployer.

Cette charge que tu portais
N'est plus !
Ta lumière peut jaillir
Effriter toute ta carapace
Faire sable toutes tes murailles.
Naître de nouveau
Luisant de lumière,
Ta lumière,
Celle que tu émets.
Tu ne seras plus jamais nu.
Dépose ton fardeau.

Non je ne serai plus jamais nu
Etincelle de lumière sans pudeur
Les plumes du visage de mousse
Habillent mes ailes nouvelles
Et son empreinte est une flamme bleue
Un phare intérieur solide aux vents.

Hiver

Quand tu te dépouilles et t'effeuilles
Que plus rien ne te vêt qu'un apparent deuil
Tu es nu, sans artifice et sans parure.

Vulnérable après avoir déposé ton armure
Tu apparais dans ton plus simple appareil
D'une beauté crue qui s'ensommeille.

Dans tes draps blancs comme un carême
Brouillé de brume froide et de soleil blême
Tu rassembles tes forces en ton sein

Tu prépares un nouveau matin
D'une sensualité printanière.
Quelle puissance gronde en toi, Hiver !

Ainsi je te vois, sans apparat
Exempt de tout futile embarras
Exposé aux quatre vents

Tu sais les cycles du temps
Tu reviens à ton essence
Prêt pour une nouvelle naissance.

Tu me rappelles cette femme
Une fois apaisée la flamme
Qui s'endort comme elle est

Aucun artifice pour maquiller
La vie qui passe sur sa peau.
Dans l'écrin des draps, un joyau.

Pluie d'étoiles

Dans le ciel plein de la lune
Il n'y a plus d'étoile pour briller
Tombées au gré d'une apparente fortune
Elles couvent en de nouveaux brasiers

Ita mahia o été ka

Dans ce jour sans soleil
Il n'y a plus d'horizon
L'océan se confond avec le ciel
L'espace vient brouiller nos raisons

Cinamah ho so shii té ka

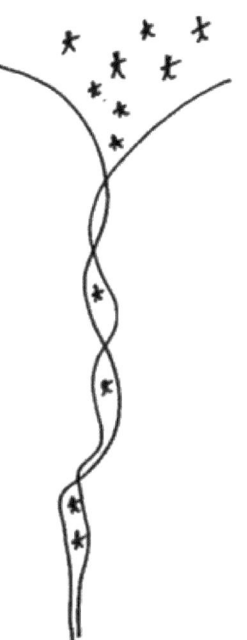

Autant poussière que temple
Extrait du chant du monde
Souffle d'une respiration ample
Le vivant entre dans une danse féconde

Manah o été ka yamah

Les étoiles enfantent des flammes
Au cœur des gardiens sortant du sommeil
Allument des guirlandes entre les âmes
Dans la joie des retrouvailles en éveil.

Shi shé é ono mé té ya na né

Empreintes

Il y a des tatouages
Sur son visage
Reflets d'une généalogie
« Ta moko* » de son âme

Il y a tant de rides
Sur ses mains
Reflets de ses ouvrages
Ses vies de labeurs

Il y a tant de chemins
Sous ses pieds
Liens intimes avec la terre
Traces éphémères

Il y a tant de rites
Dans son cœur
Pour enlacer les mondes
Sans frontière

Il y a des univers entiers
Lovés sur ses lèvres
Mémoires racines
D'avant le temps

Il y a tant de lumière
Dans ses yeux
Echos de source
Miraculeuse.

ta moko : tatouage maori traditionnel du visage

Erosion

Midi
Ciel sépia
Neige ocre
Soleil voilé
Le Sahara est à nos portes.
Nous ne voulions pas le traverser
Le désert vient à nous
Nous assoiffe et irrite nos gorges.
Son sable rouille la terre
Exfolie nos rôles futiles
Sape nos rêves malades
Couvre nos chimères meurtrières.
Nos murailles érodées
S'effritent et s'affaissent
Laissant nos âmes à vif
Dénudés de nos identités.
Restent l'air du vent
Le chant des champs
La symphonie sylvestre
La parole des pierres
Comme des nids douillets
Où se réfugier et être consolés.
Nos regards décillés
Se croisent enfin
Et voient l'infini
Des mondes ainsi révélés.

Les pierres du chemin

Souvent, les pierres sur nos chemins sont utilisées
Comme métaphores
Des obstacles dans nos vies, des coups d'arrêt
Qui rendraient plus fort.

Le gravier dans la chaussure
Le rocher sur lequel on bute
Les éraflures, les blessures
Traces de chaque chute.

Les pierres sur le chemin ne font pas toujours trébucher
Parfois elles interpellent
Comme si elles avaient un message à partager
Une lettre surnaturelle.

Qu'as-tu à me dire de moi en cet instant ?
A quel moment de ma vie apparais-tu ?
Quel sens donnes-tu à mon présent ?
Que dois-je voir que je ne vois plus ?

Cette pause sur le chemin, comme pour admirer une fleur
Peut être source d'émerveillement
Il n'est pas nécessaire de traverser des affres de douleur
Pour recevoir un enseignement.

Toi le passant pressé
La passante désinvolte
Baisse ou lève le nez
Un message virevolte

Il n'aura de sens que pour toi
Garde-le dans ta poche
Comme une douceur pour les fois
Où tu croiseras une roche.

Embarquer

Embarquer pour ses rêves
Sur des voies oniriques
Pour des voyages épiques
Sans grève ni trêve.

Plonger en ses songes
Cauchemardesques ou sensuels
Mystérieux ou spirituels
Qui allègent ou qui rongent.

Le corps immobile
L'esprit traverse les voiles
S'imprègne de poussières d'étoiles
Empreintes, labiles ou indélébiles.

Sous une pluie diluvienne
De messages sensibles,
Aux confins des possibles
Déployer ses antennes.

Partir butiner les mondes
Polléniser les mystères délicieux
Fleurir les imaginaires merveilleux
Et revenir d'énergies fécondes.

Pleurer ou rire
Frissonner ou jouir
Crier ou gémir
Dormir et revenir
En souvenirs et soupirs
En joies et désirs.

Nuit et silence

Le froissement magnifique des arbres sous le vent couvre de douceur hypnotique les stridulations des grillons qui s'éveillent à la nuit.

Le soleil disparu laisse derrière lui un ultime dragon écarlate, vaporeux gardien de la lumière au milieu des noirceurs mouvantes.

Les nuages ténébreux disparaissent pour laisser place à une nuit limpide d'étoiles, certaines filant sans laisser le temps d'émettre un vœu.

Quel souvenir laisserai-je de mes silences au milieu du vacarme des vies agitées ? Un point d'honneur à ne pas y contribuer ? Pourtant je m'agite aussi, me révolte, grogne, soupire… Alors ?

Qu'importe, je veux mes silences intérieurs, laisser l'espace à la musique du monde pour qu'elle résonne en moi et m'inspire des mélodies émouvantes.

Danser immobile, chanter en silence, être une vibration, une note, un accord, une ligne mélodique dans cette âme symphonique.

Et dans mes agitations, me remémorer cette délicieuse symphonie.

Barrières

Accrochées tout en haut de la dune
Suspendues entre ciel et terre
Tanguent les dernières barrières de bois.

D'autres ont depuis longtemps glissé
Emportées par le vent et le sable
Dans une lente dégringolade vers la mer.

Certaines de mes barrières sont ainsi
Suspendues entre ciel et terre
Sur le sable mouvant de mes incertitudes.

D'autres se sont déjà effondrées
Au vent de la vie et du temps
Et sombrent lentement vers l'oubli.

Quelle bourrasque fera tomber les résistances ?
Quel glissement de sable entraînera leur chute ?
Combien de temps encore avant une crête dégagée ?

Laisser le temps faire son œuvre
Laisser couler la vie à travers moi
Dans la joie de ce qui est déjà tombé.

Accrochées tout en haut de la dune
Suspendues entre ciel et terre
Tanguent les dernières barrières de moi.

Lever d'Homme

C'est dans les cieux tourmentés de nuages
Que naissent les plus beaux levers de soleil ;
Ainsi en est-il des Hommes comme du ciel.

Cœur et âme

Passant

Je ne suis qu'un inconnu
Je n'ai que des mots, parfois adroits
Et ma présence, souvent muette

Je ne suis qu'un passant
Parfois je ne peux rien
Et je marche tête basse

Parfois je suis présent
Dans la fulgurance d'un instant
Passager éphémère

Parfois je ne fais que vous frôler
Incapable de vous étreindre
Badaud inconsolant.

Présent et absent
Muet et bavard
Je suis tout cela.

Nuit vide

La pluie bourdonne sur le toit. Les lumières de la rue sont éteintes. Le vent pousse les feuilles sur les vitres. Je n'ai pas d'inspiration.

La bougie de cette nuit libère un léger parfum de santal, comme cette petite statue de Ganesh rapportée d'Inde. Mon modeste autel éphémère me relie aux temples hindous à l'iconographie foisonnante.

Je vais glaner les souvenirs dans mon cerveau endormi, dans la poussière des coffres qui grincent. Cette nuit, ils sont vides. Une trappe secrète a dû les engloutir, ils ont dû s'enfuir dans un autre monde pour nourrir des êtres avides de vies des autres. Ne les reverrai-je plus ? Ou est-ce seulement la nuit qui les avale pour les replacer tout chiffonnés au petit matin ?

Je goûte ce moment de silence où rien ne vient. Même la bougie est immobile, glacée dans une vie lente aux mouvements imperceptibles. Le noir. La lune qui éclaire les obscurités est voilée cette nuit. Les coffres sont vides. Dois-je les remplir ? Ne pas laisser la place aux peurs anciennes pour un temps avalées et placer en vrac des joies à venir ? Un fou rire impromptu, un regard électrisant, un grain de peau inconnu, le bruit de l'eau, l'épanouissement d'une fleur de printemps, l'odeur d'un parfum inhabituel, le goût d'un fruit rouge, une musique pas encore écrite, une rencontre en espérance, un mot éclairant, une vie nouvelle, ...?

Tout est engourdi de nuit, les pensées saccadées, les souvenirs enfuis. Dehors, la terre se gorge de pluie tandis que moi je reste vide, dans le silence de mes pensées éteintes, dans la paix de ce calme intime.

Je referme les coffres, éteins la bougie et glisse de nouveau dans la nuit.

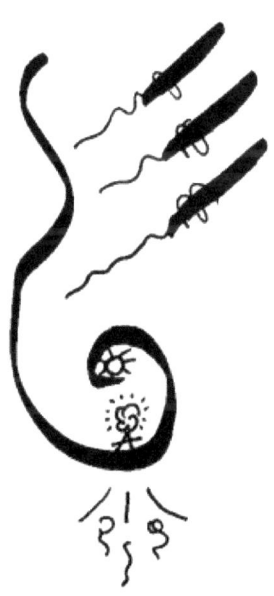

Parts d'ombres, parts d'Homme

Homme vulnérable et blessé,
Effrayé par la lumière des sorcières,
Tu luttes contre le sensible,
Faiblesse aux yeux des aveugles.

Emmuré dans ton monde-machine,
Dans la linéarité de ton temps,
Dans la localité de ton espace,
Tu rejettes au loin l'étrange.

Ta force s'est faite violence,
Ta virilité domination,
Castré de ta sensibilité,
Tu marches toujours de côté.

Tu crains tes nuits comme tes jours,
Tiraillé entre cœur et raison,
Dans la surdité à ton âme,
Tu souffres d'être incarné.

Pourtant, tu caches tes larmes de rage,
Face aux outrances faites au vivant,
Aux tortures de l'humanité,
Qui oublie sa spiritualité.

Perdu sur le bord de la route,
Tu sens poindre un virage,
Une voie ancienne et sauvage,
A la croisée des savoirs.

Elle en a entrepris le chemin,
Déchaînée de tous ses liens,
Déjouant toutes les injonctions,
Pour s'ouvrir à ses dons.

Elle sait ce que tu ne sais plus,
Ses mémoires sont sagesse
Pour te guider dans ce tournant,
Vers ta souveraineté intime

Avant voilée à sa puissance,
Tu regardes s'éveiller la femme
Qui ouvre amplement ses bras
Pour accueillir ta guérison.

Trop longtemps le loup noir fut nourri,
Trop longtemps l'opposition fut apprise.
Il n'est plus temps de batailler
Il est plus que temps de se pardonner

Les parts d'ombres ne sont que des parts d'Homme,
Des imperfections tournées à la déraison,
Mais dans le cœur et l'âme de chaque être
Réside une lumière pour ces ombres.

Nous étions deux

Nous étions deux, deux germes jumeaux, enlacés du même ADN. Au cœur de son ventre palpitant, nous étions deux. Un seul vit le jour, l'autre retourna dans l'océan de lumière originel dans la discrétion silencieuse des morts inconnus laissant une empreinte subtile de solitude, une cicatrice au fond de l'âme, un puits sans fond.

Nous étions deux et je fus seul. Tu es reparti avec le mode d'emploi de nos vies, avec les missions qui nous étaient confiées. Ce qui me restait ? Une liste affreusement longue de questions et cette solitude comme un désert qui empêchait les réponses de me parvenir.

Des steppes mongoles au Sahara, de l'Antarctique à l'Atacama, j'ai arpenté ces déserts à la recherche de ces réponses tombées dans mon oubli. J'ai voyagé aux rythmes des tambours, à l'amertume de l'ayahuasca, à la vibration des didgeridoos, à l'histoire des glyphes anciens, sans trouver de réponses.

Dans mes errances solitaires, ta main me manquait, toi mon frère inconnu. Je n'ai voyagé qu'à la surface de ma peau, sans lien, sans attache, nomade à la recherche d'une moitié perdue.

Ta main sur ma poitrine a fait exploser les montagnes de sable accumulées. Du désert ramené en moi jaillissait une source que je reconnaissais. Elle coulait de mes yeux enfin ouverts. Ta main brûlait le sable pour en faire un soleil lové en ma poitrine. J'étais allé chercher si loin, des années durant, aveugle et sourd au monde, alors que tu avais germé dans un autre ventre, sous le toit que je délaissais dans ma quête éperdue. La femme qui avait accueilli mes amours maladroits te ramenait à moi, mon frère, mon fils. Alors je sus le mode d'emploi, alors je sus ma mission. Prendre ta main, quel que soit le désert. Jouir à plein cœur de tes rires à faire écrouler les cathédrales. Aimer enfin.

L'homme sauvage

Les collines verdoyantes ondulent à perte de vue, sensuelles. L'éclat bleu du ciel est strié de nuages nonchalants. La yourte blanche est close et silencieuse. Il danse dehors.

Des flammes dévorent des bûches sèches en un feu crépitant sans fumée. L'homme sauvage l'encercle de sa danse, l'entoure de sa transe. Le son du tambour bat en lui, car il est la vie. Il m'attend.

Il m'attend depuis si longtemps, seul dans sa danse depuis qu'il est. L'alternance des jours et des nuits passe sur lui, la vie coule en lui, il danse patient. Il m'attend.

Il ne s'arrête pas à ma venue, il continue sa rotation. Sans mot, sans geste, il m'invite à intégrer le cercle, la danse. De part et d'autre du feu, nos corps ondulent, s'expriment.

Un fil invisible nous lie. A mesure de nos circonvolutions, le lien s'enroule autour du feu central, comme une corde autour de l'arbre qui porte le ciel. Il nous rapproche, à chaque tour un peu plus vite.

Sans peur, nous entrons chacun dans le feu et ne faisons qu'un. Un seul homme dans le feu de la vie, au centre du monde. Les flammes purifient les espaces intérieurs.

Je ne fais qu'un avec lui, et maintenant, c'est avec moi que je danse, de toute ma puissance retrouvée. Le fil de mes vies scintille jusque dans les étoiles. Je sors ruisselant de ce feu amniotique, je nais une fois encore.

De cette réunification un flot jaillit. L'Amour que je suis m'imprègne et se diffuse en vagues délicieuses aux accents sensuels. L'énergie déferle, orgasmique. Et nous dansons encore, mon âme et moi dans la jouissance des retrouvailles.

Dorénavant, le tambour de vie bat en moi, sa peau vibre dans mon cœur. Je suis de nouveau un.

Royaume fleuri

Aux heures sombres des jours
Aux heures blanches des nuits
Une sourde tristesse d'âges anciens
Empoigne mon cœur endolori.

Mon royaume est vide,
Des fleurs recouvrent les ruines
De ma forteresse écroulée.
Territoire sans frontières

Ouvert aux vents du monde
Aux passages de la Vie.
Je pleure sur les pierres ensevelies
Sans voir l'horizon dégagé.

Ô toi passant du destin
Attiré par ce royaume en transition
Regarde ces fleurs nouvelles
Et ne prends que leur image.

Je veux les voir luxuriantes
Coloniser le moindre espace
Et qu'elles éclairent de leurs couleurs
Mes jours sombres et mes nuits blanches.

Sans mémoire

Naître au monde amnésique
Et chercher sa vie durant la mémoire.
Une nostalgie originelle
Murmure d'un ailleurs
Morcèle le cœur.
Nous le rapiéçons aux fils des autres
Aveugle au fil intérieur,
Au trésor dans les décombres.

Croire
Croire chaque jour
Croire que les ailes nous poussent
Croire en cette goutte d'étoile en nous.
Dans l'obscurité ou la lumière
Devenir le tisserand
De notre lien à l'invisible,
Avec ou sans mémoire.

Chère Tristesse

Depuis combien de temps m'accompagnes-tu ?

Mer aux multiples sources, tu serpentes dans les plaines de mes joies, dans les montagnes de mes bonheurs. Je suis parfois dérouté de tes crues en ces espaces joyeux. Tu côtoies mes forêts lumineuses, rampes en des souterrains sombres, jaillis dans des champs de fleurs.

Je sais ta présence. Je ne t'oublie pas. Je ne te déteste pas. Parfois même j'aime nager dans tes eaux fraîches.

Je sais que parmi toutes les sources qui te font exister, il y a ce cœur malhabile lorsqu'il déborde d'amour et se déverse dans un puits sans fond. Ultime maladresse de ne savoir aimer.

Tu fais partie de mon écosystème intime et même si certaines sources se tarissent, d'autres restent, car tu me lies à cette nostalgie d'un ailleurs, d'un avant.

Pourtant, maintenant, je veux jouir de tout ce monde, de ses richesses et de ses joies. Si je trempe encore parfois un instant mes pieds nus dans tes eaux, je veux continuer à explorer, rire et aimer, même avec maladresse. Je ne souhaite plus être dans la torpeur de tes chuchotis familiers qui me rend sourd à des murmures plus profonds et purs et me fait oublier tout le beau autour.

Merci d'enrichir ma terre et, si je te délaisse, je te sais présente, nul besoin de déchaîner tes torrents pour m'interpeler. Je ne veux pas faire de mon jardin un désert aride que seules mes larmes mouilleront en vain. Alors tes eaux sont les bienvenues, tout comme les éclats de mes joies.

Ces éclats sont la vibration de mes rêves, les échos de mes forces, les graines de mon âme, les engrais de mon cœur. Cet ailleurs, cet avant, c'est ici et maintenant.

Merci, chère tristesse.

Il ne me reste

Dans la vallée de mon cœur, il est une source drue d'une eau limpide que souvent les broussailles de mes pensées m'empêchent de rejoindre. Reste une rumeur lointaine.

Dans la montagne de mon âme, il y a l'écho d'un verbe puissant que parfois mes murailles de peurs d'homme fragile m'empêchent d'entendre. Restent des murmures tenaces.

Il ne me reste qu'à refaire le chemin de nouveau, sans lassitude, avec persévérance, sinuer entre ces buissons et y laisser une trace sensible.

Il ne me reste qu'à suivre cette trace, encore et encore, entre mes buissons épineux et mes joies ardentes qui rendent le chemin unique.

Il ne me reste qu'à aller vers moi.

Entrailles

Il t'en aura fallu des pelles et des pioches
Pour creuser dans les entrailles de ta terre
Pour toucher la lave vibrante de ton âme !

Combien de fois as-tu renoncé ?
Combien de « à quoi bon ? » t'ont fait choir ?
Combien de larmes ont changé la terre en boue ?

Et te voilà devant ce magma vivant
Effrayé et attiré par son incommensurable puissance
Dépouillé de tout et les mains en sang.

Réchauffe ton cœur à la chaleur de ce feu
Sens dans ton corps comme il se reflète en toi
Regarde tes mains neuves irradier cette force.

Va, tu peux remonter à la surface du monde
Dressé et flamboyant d'une vie nouvelle
Remercie qui t'a donné ces pelles et ces pioches.

Chères peurs

Perdu dans une adolescence sans fin,
Dans un entre-mondes flou
Ni l'Enfant insouciant,
Présent au seul instant qu'il vit
Ni l'Homme debout,
Solide dans l'expression de son amour
Juste un humain,
Le pas piégé dans la fange de ses peurs.

A chaque bougie soufflée je croyais grandir
Mais je soufflais sur la braise de mes peurs
Ce mal de cœur qui m'a empoigné dès l'enfance
Et m'a rendu si malhabile avec les sentiments.

Etre vivant ignorant de son âme
Etre humain en quête de sens
Dans une imperfection douloureuse
Dans une exigence paralysante
En perpétuel apprentissage
En éternel chantier
Parfois essoufflé
Parfois extatique.

Quelle légitimité avais-je pour revendiquer le bonheur ?
Quels mensonges me racontai-je pour ne pas le mériter ?
Combien de fuites ai-je commises pour alimenter mes peurs ?
De combien de lâchetés me suis-je flagellé avec des « j'aurais dû » ?

Parfois, je rajoute des mots à une poésie
Parfois, je rajoute des notes à une mélodie
Parfois, je rends compliqué ce qui ne l'est pas
Parfois, je marche dans les orties au bord du chemin
Par crainte d'être blessé
Par crainte de blesser
Par crainte de n'être point aimé
Par crainte de ne savoir aimer.

Grandir, devenir cet Homme debout
Regarder toutes mes blessures soit disant cicatrisées
Mais jamais totalement refermées et guéries
Cette horde menée par la peur d'être heureux.

Me déchaîner de toutes les questions futiles
Me relier dans une spiritualité protéiforme
Aux mondes incommensurables en moi
Aux vibrations médiatrices d'énergies
Sensible et solide de cette puissance jaillissante
Porteuse d'une force de guérison
Qui fait couler des larmes abondantes
Sur des lèvres souriantes de libération.

Dans le grand cycle de la Vie
Grandir et revenir vers cet enfant
Sans peur et sans projection
Sûr de l'Amour qu'il a et qu'il est.

Aimer

Pensée

L'attendrissante maladresse des amours débutantes
Quand il n'y a encore ni comment ni pourquoi
Juste cet étrange et intense feu de joie
Qui rend chaque seconde si vivante.

La plume blanche au reflet bleuté

Une plume blanche sur le sable
Au reflet bleuté de la mer.
Est-ce toi qui l'as faite tomber
Que je la trouve dans mon errance ?
Est-ce toi qui me signifies ta présence
Que je m'en trouve ainsi réconforté ?
Ou bien n'est-ce qu'une plume…

Cette plume blanche sur le sable
Au reflet bleuté de la mer
Je veux croire que c'est toi qui me parles
Du monde où maintenant tu es
Que tu me pardonnes, par ce présent
Ce rendez-vous manqué de nos adieux
Cette étreinte ultime à jamais absente.

Cette plume blanche sur le sable
Au reflet bleuté de la mer
Je n'ose la prendre entre mes doigts.
Accroupi face à elle, j'attends
Qu'elle me souffle tes mots
Qu'elle s'envole dans mon cou
Pour y déposer tes caresses.

Cette plume blanche sur le sable
Au reflet bleuté de la mer
Me tire l'eau des yeux, lentement
Comme une source retrouve son chemin.
Ce n'est pas du chagrin, non
Juste ta main qui entoure mon cœur
Et l'étreint tout en douceur.

Cette plume blanche sur le sable
Au reflet bleuté de la mer
Posée sur mon errance du matin
C'est ton amour qui me secoue
Me sort de ma torpeur mélancolique
Un sourire large sur mes larmes
Et ta douceur à jamais ancrée.

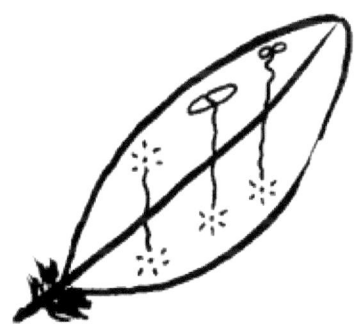

Frissons

Une main sur un grain de peau
Un mot dans le creux d'une oreille
Un regard porté au fond de l'âme
Un chant au cœur du ventre
Une musique au cœur du cœur

Des ondes
Des battements
Des frémissements
Des échos
Des frissons

Déferlent comme des vagues
Electrisent le corps
Résonnent avec l'intime
Vibrent au plus profond
Amplifient les émotions

Toucher et être touché
Vibrer et être vibré
Musicien et instrument
Qui délient l'espace et le temps
Uniques et intimes.

Viens

Viens, prends-moi la main
Serre-la, nous nous retrouvons enfin
Mes doigts attendent les tiens
Je ne regarde pas, je te sais là.

Viens, pose ta tête contre moi
Clos le cercle qui nous réunit
Ecoute le souffle qui m'anime
L'Amour qui palpite.

Viens, tu peux être toi
Entre soupirs et murmures
Je t'accueille en mon royaume
Comme une bénédiction.

Mots et silence

Je cherche le silence.

Ce silence particulier qu'est l'absence de mot.

Car lorsque les mots se taisent, il y a tout l'espace pour la Vie, toute la place pour sentir... de tous nos sens. Nous appréhendons le monde à travers nos mains, notre nez, notre bouche, nos oreilles, nos yeux, notre cœur. Les sens sont notre interface avec le monde.

Ce sont les mondes derrière les mots qui nous émeuvent ; ce sont les rêves qu'ils suscitent qui nous embarquent vers la contemplation. Et de la contemplation vers le silence.

A chacun de ces petits voyages, nous écartons un peu des voilages de la vie et l'on voit l'âge du monde.

A chacune de ces échappées oniriques nous nous rapprochons un peu plus de soi, car nous ne pouvons nous voir que dans le silence des mots, lorsque s'est tu le grouillement des pensées. Ce silence bouillonne de mille chatoiements sensoriels. Et tout s'efface, le bord des choses s'évanouit, les frontières s'estompent, les limites s'évaporent. Nous sommes le silence et la vie est en nous.

Le temps rebrousse alors chemin, il a dû oublier d'imposer une ride. Il ne sait plus où il doit aller. Se télescopent passé et futur, et cet instant est un cataplasme puissant sur nos blessures.

Allongé contre toi, ma main sur ton sein chaud, ce silence vient. Et je ne sais plus où est ma peau, ni où est ta peau. Dans ce silence, je suis nous, sans limite.

Emmène-moi

Emmène-moi là-bas
Où les rivières remontent leur lit
Laissant les roches sans habit

Emmène-moi là-bas
A la source jamais tarie
De l'essence de Vie

Emmène-moi là-bas
M'imprégner de cette magie
Jusqu'à en être en étourdi

Emmène-moi là-bas
Où je me retrouve sans abri
Nu comme au jour où tu me fis

Emmène-moi vers toi
Dans la chaleur de tes bras infinis
Ressentir l'ampleur de ton énergie.

Emmène-moi, oui
Au plus profond de tes bois
Entendre la profondeur de ta voix

Emmène-moi, oui
Où se dissolvent les effrois
Dans la rencontre avec soi

Emmène-moi, oui
Sur l'immensité de ta voie
Lactée de la plus belle soie

Emmène-moi, oui
Pour y goûter la joie
De se sentir sans poids

Emmène-moi, oui
Au cœur de mon émoi
Te rencontrer toi.

Pause

Je me réchauffe au feu ardent de ton âme
Un instant

Avant que l'essoufflement n'éteigne ma flamme
Pour longtemps

Je suis un kaléidoscope dans ta lumière
Miroitant

Voyageur égratigné, aux pansements en lanière,
Etincelant

Accorde-moi l'apaisement de tes bras sereins
Pour un temps

Alors je pourrai t'offrir le réconfort des miens
Doucement

Lorsque le feu de mon âme sera revigoré
Flamboyant

Nos foyers brilleront pour qui veut se ressourcer
En passant.

Arabesques

Je dessinerai sur ta peau
De fantasques arabesques
Des mots enflammés
Des chemins pittoresques
En errances passionnées.

Je soufflerai à ton cœur
Des baisers émus
Des extases silencieuses
Une correspondance assidue
Que tu liras langoureuse.

Je murmurerai à ton âme
Des soupirs délicats
Des chants mélodieux
Qu'elle seule reconnaîtra
Et qui feront briller tes yeux.

Corps à corps

L'amour se fait-il, se fabrique-t-il ? Comme un meuble que l'on monte soi-même, en suivant le mode d'emploi ? Quelle horreur si c'est ainsi !

L'amour ne se fait pas, il se vit, se vibre, se partage, s'échange, se sent, se ressent, en dehors de tout mécanisme.

L'amour ne se fait pas, il fait le couple qui s'unit dans un acte sacré, dans le don et le partage. Deux énergies qui s'enroulent dans un ADN cosmique pour donner vie à une entité nouvelle. Deux êtres entiers qui créent un lien.

L'amour ne se fait pas, il permet de se réparer, dans l'acceptation de son corps par l'autre, en dehors des regards et des injonctions. L'amour ne se fait pas car il est, de toute éternité. L'union de deux corps n'en est qu'une expression. Son empreinte fait loi.

L'amour ne se fait pas, il se constate et s'accueille. Deux êtres entiers dansant autour du feu de l'Amour, les portes de l'intime grandes ouvertes.

Le peau-à-peau comme extension de cette connexion des âmes vibrantes, derrière les regards qui se sont trouvés. Le frisson explose dans ce premier toucher sacré, quand l'un ouvre son espace à l'autre. Une main posée est un premier pont entre ces corps, ces cœurs, ces âmes. Un pont pour une traversée extatique des flots de l'Amour.

Totalement abandonnés l'un à l'autre, l'un contre l'autre, l'un en l'autre, dans les bras de ce flot créateur de vie, chaque caresse est un frisson qui trouve écho dans les ondulations de la toile de l'univers. Chaque baiser fait vibrer plus encore, dans une sensibilité inédite, et déchire les voiles du connu. Chaque attention crée un espace unique et rayonnant.

Explorer un corps, territoire inconnu, le grain de peau, la sensibilité, n'être que don et attention quand l'autre s'offre nu, dans la confiance sereine d'être accueilli. Honorer avec gratitude cet accueil. Tous ses sens en éveil, toucher, sentir, goûter, écouter, admirer, dans une union unique de saveurs.

S'émerveiller à chaque instant de ce cadeau que l'on s'offre, à en pleurer d'extase. Et s'éveiller, s'unir sous les étoiles, dans la lumière divine, celle qui reconnecte les vies, les liens, les flammes, celle qui transforme le regard à jamais.

Entrer dans ce tourbillon de l'infini, dans la communion d'êtres et d'âmes, dans ce flot d'énergies qui circulent d'un corps à l'autre, dans une spirale ascensionnelle. Etre matière et lumière mêlées, sans frontière. Inviter le divin dans une trinité nouvelle. De la force de chacun créer une puissance inédite, déchaîner ce qui a été enchaîné.

Laisser parler les corps, ils savent, une fois que les âmes se sont reconnues, guider les gestes, guider l'autre, dans une fluidité ancienne ou une maladresse juvénile. Se recueillir et rire, s'aimer et se donner. Ne plus être totalement soi, dans un abandon total à cet échange intime, dans une jouissance déferlante, explosive, un cantique chanté à tue-tête aux sens.

Et trembler encore longtemps, tout imprégné de l'autre, à la fois seul et deux. Se demander si c'était un rêve et ne pas vouloir se réveiller.

Oser à peine après avoir osé tout.

Le temple d'Isis

Δ

L'Amour
est un temple
dont je suis une divinité

Que du refuge de mes bras, tu te fasses un nid

Qu'à la chaleur de mes ailes, tu réchauffes ton cœur

Que dans mes silences attendris, tu ressentes mon Amour

Qu'à la musique de mes mots, ton âme danse de joie

Que dans mes yeux lucides, tu te vois tout entier

Que par le lien qui nous unit
tu t'éveilles à toi
m'aime

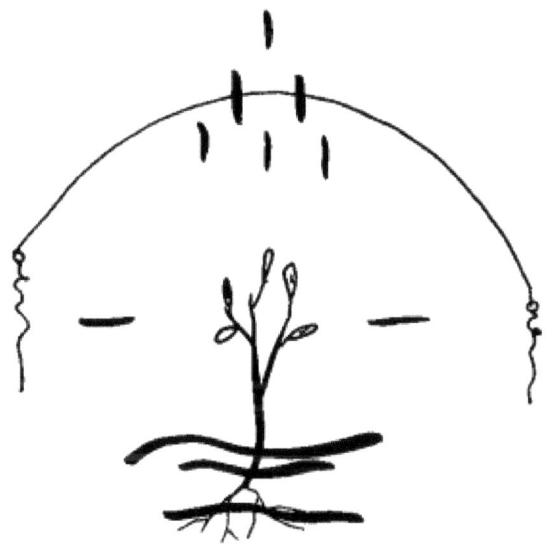

Inaho été ka

Remerciements

Depuis septembre 2020, les mots ne me lâchent plus. Libérés par les rencontres, les encouragements, les retours de lectures de mon premier recueil comme des textes publiés sur les réseaux sociaux, les perceptions autres que les miennes, ils semblent résonner ici et là, au gré des partages, me reliant à des âmes et des personnes magnifiques. Merci à elles, de suivre et encourager ces partages, souvent aussi intimes qu'universels. Merci également à mes parents qui ont allégrement permis la diffusion d'*Épuisette et cartes postales*, révélant ainsi une part de moi inconnue à ma famille. Ce recueil est parfois tombé entre des mains inattendues, donnant lieu à de belles (re)trouvailles. Cette part de moi, tous ces retours, me permettent d'y trouver un sens et de l'assumer.

Je remercie tout particulièrement Arthur et Florence pour leurs relectures et leurs esprits critiques qui permettent à ce recueil d'être ce qu'il est, une carte postale de moi, à la fois incomplète et intime. Merci également à toutes celles et ceux qui, par leurs commentaires, ont fait évoluer certains textes, la couverture (notamment Christine, Arthur et Solon) et le titre. Je ne nomme personne, j'en oublierais sûrement. Merci à tous.

Enfin, merci aux lecteurs et lectrices qui me font l'honneur de tenir ce livre entre leurs mains. J'espère que la lecture de ces partages variés vous parlera, vous touchera et, peut-être, vous aidera.

Table des matières

Un petit café ?

Page blanche et café noir

Je crois que j'en ai toujours rêvé.
Cela paraît simple à faire pourtant.
Mais cela demande du temps.
Et le temps se prend de moins en moins.
Alors je ne l'ai jamais fait.
J'en ai juste rêvé en entendant certains artistes écrire, chanter, clamer, avoir trouvé leur inspiration ainsi.

Maintenant, j'ai décidé de m'accorder ce temps. J'ai passé la première moitié de ma vie à poursuivre un bonheur imaginaire qui ne faisait qu'accentuer mon malaise. Un ami m'a dit un jour que le temps passé à chercher à être heureux était du temps passé à ne pas l'être. Il m'a fallu attendre ces derniers mois pour prendre la mesure de sa sentence. Aujourd'hui, j'accueille avec plus de sérénité mes peurs du vide et mes ambitions pour le combler. Alors me voilà à tenter d'en suivre une et, trois livres, un carnet vierge et deux stylos sur la table, j'attends que la serveuse m'apporte le café que j'ai commandé.

10h et quelques minutes. J'ai pris la journée pour écrire quelque chose. Enfin, quelque chose ou quelqu'un, bien que, en y réfléchissant, les choses décrivent les gens. Qu'importe ! l'essentiel est d'être là, pour écrire. Je l'avoue, il y a de l'excitation à me dire que cet endroit me sera immanquablement propice et que ce qu'il s'y passe ne manquera pas de m'inspirer, de déclencher les idées. J'observe donc, en quête d'un point de départ en me disant qu'il suffit juste de poser les premiers mots et ensuite de les laisser me guider. Mais par quoi commencer ? La serveuse qui s'avance, un café à la main que j'espère être le mien ?
Il y a en elle un mélange de sévérité, de folie et d'avenant. Comment peut-on allier des attitudes aussi opposées sur un seul visage ? Sa petite bouche fine et pincée, des yeux noirs mi-clos

et l'absence de maquillage lui confèrent la gravité de celles qu'il ne faut pas venir ennuyer, qui contraste grandement avec l'anarchie volontaire de ses cheveux, ses pommettes rondes, ses boucles d'oreilles en feutre multicolore et ses vêtements vifs et larges caractéristiques d'une tendance néo-bab. Je la soupçonne d'avoir dépassé la quarantaine depuis peu dont une bonne majorité d'années dans les cafés à éloigner les mains et les commentaires salaces des clients. Sa voix rauque et son aplomb en témoignent. Ses mains déjà flétries par les premières vaisselles de la matinée déposent la tasse de café et le verre d'eau sur ma table et ne recèlent aucune bague. Hélas, l'époque n'est plus propice à envisager la liberté des cœurs aux mains non cerclées d'or. Dès lors, les possibles sont immenses et les vies à imaginer innombrables. Mais je n'arrive pas à lui en appréhender une seule. Je tente de me rassurer en me disant que le sujet des serveuses de café a été largement traité déjà. Aucun exemple ne me vient en tête, mais je m'en convaincs.

11h30 et je n'ai toujours pas écrit une ligne. Je décide de remplacer le café par un apéro avec la naïve illusion qu'un peu d'alcool parviendra à débloquer mon inspiration. La population a atteint son paroxysme avec la dizaine de clients, tous des habitués qui claquent la bise à Martine – la serveuse – et la taquinent sur sa tenue du jour entre deux commentaires sportifs sur le match de la veille ou la dernière course hippique. Elle, elle se prête au jeu avec une certaine bonne humeur. De sa voix rauque, elle alterne entre complicité et distance, laissant tour à tour des ouvertures qu'elle ferme aussitôt. Finalement, je m'aperçois qu'il n'y a qu'elle que j'observe. J'admire la façon dont elle écoute l'apparente intimité des autres sans se livrer. Elle doit recéler une formidable bibliothèque d'anecdotes et d'histoires sur chacun de ces hommes, loin des brèves de comptoirs caricaturales. C'est probablement cette écoute, ces brefs instants complices, et les portes qu'elle entrouvre avec l'habileté d'une grande expérimentée des hommes, qui les font revenir le lendemain. Et ils reviendront, tant qu'ils ne seront pas gravement malades, juste pour ces moments d'existence. Finalement, le sujet principal d'un café ne peut être que la serveuse. Chacun arrive avec sa petite vie et elle semble tisser des liens invisibles entre chacune d'elle. C'est elle qui anime, qui bouge. Les autres sont immobiles dans leurs vestes sombres, accoudés au zinc ou assis à des tables rondes. Elle répand ses couleurs dans tout le café. Une vision en accéléré de la journée devrait être particulièrement parlante. Pourtant, il n'y a pas de légèreté. Tout juste de l'aisance. Elle ne vole pas comme le voudrait certains clichés, au contraire. Sa démarche me semble volontairement dénuée de grâce, comme pour ne pas échauffer trop les esprits déjà légèrement alcoolisés. J'ai presque envie de savoir comment elle est quand elle sort du café, une fois son boulot terminé. Change-t-elle de peau ? Vers quelle vie va-t-elle ? A défaut de pouvoir l'imaginer, je suis curieux de ce qu'elle est vraiment.

11h45 marque le début d'un flux humain particulier. Les habitués du comptoir et des journaux sportifs du matin, font place à d'autres accoutumés, les salariés des environs qui viennent épuiser leurs tickets-restaurant dans les brasseries de proximité. Peut-être l'animation du plat du jour réveillera-t-elle mon imagination… En attendant, il semble y avoir une sorte d'accord tacite entre ces deux populations de fidèles. Ceux qui prennent le temps le matin ne souhaitent apparemment pas être contaminés par l'effervescence stérile de ceux qui mangent avec une confiance aveugle le plat du jour et s'en repartent tristes vers leurs boulots. Et je suppose que le départ des « matinaux » convient parfaitement à cette faune laborieuse qui verrait d'un mauvais œil le temps dilapidé par certains, alors qu'eux ne le prennent pas. Je me rends compte, avec autant d'effarement que de satisfaction, qu'aujourd'hui, je fais partie de ces dilapideurs. J'en mange avec d'autant plus de lenteur, commençant la lecture de mes livres, sans me fixer sur l'un d'eux.

14h15. Le café est vide. Les tables sont nettoyées. Martine et le cuistot mangent à une table proche du bar. La satisfaction d'avoir été le seul du matin à avoir traversé le tumulte du déjeuner fait rapidement place au dépit face à l'improductivité des cinq dernières heures passées à rejeter ma stérilité intellectuelle du moment sur la vacuité des autres. La blancheur maladive de mon carnet de notes me signifie que les « matinaux » dilapidaient leur temps en activités structurantes alors que je le gaspille en comptant sur les autres pour me structurer. J'en conçois une profonde vexation.

16h00. Mon téléphone sonne. J'étouffe la sonnerie sans décrocher. Je continue dans l'illusion qu'il ne faut pas que je sois dérangé alors que j'essaye de créer. Mais pour toute création, c'est un tas de papiers froissés qui s'accumule sur la table. Certes, mes feuilles ne sont plus blanches, mais la maladie a évolué en ratures comme autant de balafres et de cicatrices. Tous ces débuts sans suite. Je m'aperçois que le plus difficile n'est pas de commencer, mais de poursuivre. En rejetant mon stylo je m'affale sur la banquette en repensant à l'enthousiasme de ce matin. Mon impression de faire partie des « matinaux » vivants qui prennent leur temps s'est transformée en amertume de sentir qu'il me file entre les doigts sans que je parvienne à le saisir.
Martine m'apporte un chocolat chaud. Je ne savais plus quoi boire. Marre du café, des bières et de mes trop nombreux séjours aux toilettes. Alors j'ai opté pour un chocolat chaud lorsqu'elle est passée à ma portée. Je l'ai regardé s'éloigner vers le comptoir en me demandant depuis combien de temps elle était là, à servir.

Sa démarche dénotait une certaine fatigue et un léger relâchement de l'austérité dont elle s'était revêtue. Cela se traduisait par une accentuation du mouvement de ses hanches et une gracieuse ondulation de sa longue jupe rouge et verte. Je m'aperçus que c'était la première fois de la journée que je regardais son corps. Tandis qu'elle préparait mon chocolat, je me trouvais honteux. J'aurais croisé cette femme dans la rue, je l'aurais trouvée ronde. Avec des amis, je l'aurais probablement critiquée. Là, je lui trouvais une touchante harmonie qui m'émouvait. Insidieusement, cette journée avait tourné autour d'elle et sans réellement comprendre pourquoi je fus submergé par une vague de tendresse pour elle.

Tandis qu'elle dépose ma tasse sur la table, je me sens rougir en la remerciant. Pourquoi décide-t-elle de me parler maintenant ? Et pourquoi faut-il toujours que je me pose ce genre de questions ? Toujours est-il qu'elle me demande si je suis en manque d'inspiration. Sa voix rauque possède une certaine chaleur rehaussée par un sourire léger qui arrondit encore plus ses pommettes et incite à la confidence. Je comprends à l'instant tous ces hommes qui se livrent à elle, jour après jour. Elle doit en savoir plus sur eux qu'eux même. En ayant conscience d'alimenter sa formidable bibliothèque d'histoires humaines, je me confie avec l'envie de ne pas avoir la même histoire que les autres. Toujours cette lâche volonté d'être vu sans trop se montrer.

Alors je lui raconte ma journée, mes envies, mes déceptions. Je lui dévoile surtout ce que je n'aurais jamais pensé ressentir aujourd'hui. Les yeux baissés je lui avoue l'émotion qui m'a étreint quelques minutes auparavant. Lorsque j'ose lever mon regard vers elle, son sourire s'élargit, illuminant la rondeur de ses traits, ne laissant place qu'à sa folie et sa tendresse. « Peut être est-ce cela que vous devriez écrire, cette journée » me dit-elle en posant sa main sur mon bras. Je ne peux pas réfréner le frisson qui me parcourt à ce contact. Le toucher a toujours été un évènement rare pour moi, revêtant une valeur affective profonde, tandis que d'autres en abusent sans discernement.

La porte s'est ouverte à ce moment là, évidemment. Elle se retourne pour voir un couple entrer et s'installer à une table presque dissimulée derrière des plantes vertes. Elle me sourit de nouveau et m'assure que mes mots l'ont touchée. Alors qu'elle fait mine de s'éloigner de la table, je l'interpelle presque inconsciemment et, sans réellement maîtriser mes paroles, je lui demande si elle veut bien que l'on se voit en dehors de son travail. Je ne sais pas comment traduire le rire franc qu'elle a alors, mais qu'importe. Après cette journée passée avec elle, j'ai envie de lui écrire.